AF107006

www.ingramcontent.com/pod-product-compliance
Lightning Source LLC
LaVergne TN
LVHW010413070526
838199LV00064B/5283
* 9 7 8 9 3 5 8 7 2 9 6 3 4 *

رسول اکرمؐ کے آدابِ معاشرت

مرتبہ:

اعجاز عبید

© Taemeer Publications LLC

Rasool-e-Akram ke Aadaab-e-Muaasharat
by: Aijaz Ubaid
Edition: April '2024
Publisher :
Taemeer Publications LLC (Michigan, USA / Hyderabad, India)

ISBN 978-93-5872-963-4

مرتب یا ناشر کی پیشگی اجازت کے بغیر اس کتاب کا کوئی بھی حصہ کسی بھی شکل میں بشمول ویب سائٹ پر اَپ لوڈنگ کے لیے استعمال نہ کیا جائے۔ نیز اس کتاب پر کسی بھی قسم کے تنازع کو نمٹانے کا اختیار صرف حیدرآباد (تلنگانہ) کی عدلیہ کو ہو گا۔

© تعمیر پبلی کیشنز

کتاب	:	**رسول اکرمؐ کے آدابِ معاشرت**
مرتب	:	**اعجاز عبید**
صنف	:	سیرت النبیؐ
ناشر	:	تعمیر پبلی کیشنز (حیدرآباد، انڈیا)
سالِ اشاعت	:	۲۰۲۴ء
صفحات	:	۵۰
سرورق ڈیزائن	:	تعمیر ویب ڈیزائن

دوسروں کے ساتھ آنحضرت ﷺ کی معاشرت کے آداب وسنن

بہترین اخلاق: کافی میں مروی ہے کہ حضرت امام جعفر صادق (علیہ السلام) نے "بحر سقا" سے فرمایا: بحر! خوش خلقی، باعثِ خوشی ہوتی ہے پھر امام (علیہ السلام) نے ایک حدیث کو ذکر کیا جس کے معنی یہ ہیں: آنحضرتؐ خوش اخلاق تھے۔(۱)

جس خوبی کی قدر دانی نہ ہو سکی

علل الشرائع میں حضرت علی (علیہ السلام) سے منقول ہے: آنحضرت ﷺ ان لوگوں میں سے تھے جن کی خوبیوں کی قدر دانی نہ ہو سکی جب کہ حضورؐ کی خوبیوں کا تعلق تمام قریش اور عرب و عجم سے تھا کیا کوئی ایک بھی ایسا ہے جس کی خوبیاں آنحضرت ﷺ سے زیادہ ہوں؟ اسی طرح اہل بیت (علیہم السلام) کی خوبیوں کی بھی قدردانی نہ ہوئی نیز نیک مومنین کی خوبیوں کی بھی قدردانی نہ ہوئی۔(۲)

آنحضرت ﷺ کی فروتنی

ارشاد دیلمی (رہ) میں منقول ہے: آنحضرت ﷺ اپنے لباس میں خود ہی پیوند لگاتے اور نعلین کی سلائی کرتے تھے، گوسفندوں کا دودھ دوہتے تھے، غلاموں کے ساتھ کھانا نوش فرماتے تھے، زمین پر بیٹھتے تھے، گدھے پر سوار ہوتے تھے اور دوسرے کو بھی سواری پر اپنے پیچھے بیٹھا لیتے تھے۔ بغیر کسی شرم و جھجک کے زندگی کی تمام ضروری چیزوں کو بازار سے خریدتے اور پھر گھر لے جاتے تھے۔ مالدار اور غریب دونوں سے

ایک ہی طرح مصافحہ کرتے جب تک وہ اپنا ہاتھ نہیں کھینچتا تھا آپ اپنا دست مبارک نہیں کھینچتے تھے، جس سے ملاقات کرتے سلام میں پہل کرتے تھے چاہے وہ مالدار ہو یا فقیر، چھوٹا ہو یا بڑا، اگر آپ کو دعوت دی جاتی تو اسے حقیر نہیں سمجھتے چاہے خراب کھجور ہی کی دعوت کیوں نہ ہو۔

بلند طبیعت

آپ کا خرچ کم تھا آپ کریم الطبیعت، خوش معاشرت اور خوبصورت تھے بغیر ہنسے ہمیشہ آپ کے لبوں پر مسکراہٹ رہتی تھی اور اسی طرح ہمیشہ محزون و غمگین رہتے تھے لیکن منھ نہیں بگڑنے دیتے تھے۔

مہربان پیغمبر

آنحضرت ﷺ نے کبھی ذلت کا اظہار نہ کیا لیکن ہمیشہ متواضع رہے بغیر اسراف کے ہمیشہ بخشش کرتے رہے، حضورؐ کا دل بہت نازک تھا تمام مسلمانوں کے لئے مہربان تھے پیغمبر اکرمؐ نے کبھی اتنا زیادہ نہیں کھایا کہ آپ کو ڈکار آئی ہو اور کبھی لالچ کا ہاتھ کسی چیز کی طرف نہیں بڑھایا۔(۳)

چہرہ اور بالوں کی آراستگی

مکارم الاخلاق میں مروی ہے: آنحضرت ﷺ کی یہ عادت تھی کہ آئینہ میں سر مبارک کے بالوں کو سیدھا کرتے اور کنگھی بھی کرتے تھے کبھی کبھی یہ کام پانی کے سامنے انجام دیتے اور بالوں کو برابر کر لیتے تھے۔

پیغمبر اکرمؐ نہ صرف اپنے اہل و عیال بلکہ اصحاب کے لئے بھی اپنے کو آراستہ کرتے تھے اور فرماتے تھے: خدا کو یہ پسند ہے کہ جب اس کا بندہ اپنے بھائیوں سے ملاقات کے لئے گھر سے باہر نکلے تو آمادہ ہو اور اپنے کو آراستہ کرے۔(۴)

آنحضرت ﷺ کی پانچ سنتیں

علل اور عیون میں حضرت امام جعفر صادق (علیہ السلام) سے منقول ہے کہ آنحضرت ﷺ نے فرمایا: میں مرتے دم تک پانچ (۵) چیزوں کو نہیں چھوڑ سکتا تا کہ یہ چیزیں میرے بعد سنت بن جائیں:

۱۔ غلاموں کے ساتھ زمین پر بیٹھ کر کھانا کھانا ۲۔ بغیر روپوش (زین) کے گدہے کی سواری ۳۔ اپنے ہاتھوں سے بکری کا دودھ دوہنا ۴۔ پشمی (اونی) لباس پہنا ۵۔ بچوں کو سلام کرنا۔ (بغیر حوالہ)

نوٹ: پشمی لباس اُس زمانہ کا بالکل معمولی اور سادہ لباس تھا پس یہ ہر زمانہ کے سادہ لباس کو شامل ہے۔

چھوٹے اور بڑے کو سلام

قطب الدین (رہ) کی لُبّ اللباب میں منقول ہے: آنحضرت ﷺ ہر چھوٹے اور بڑے کو سلام کرتے تھے۔ (۵)

داخلہ کی اجازت

"فقیہ" میں مروی ہے کہ حضرت علی (علیہ السلام) نے قبیلۂ بنی سعد کے ایک شخص سے فرمایا: کیا میں اپنے اور حضرت فاطمہ علیھا السلام کے بارے میں ایک حدیث بیان کروں ؟ اس کے بعد فرمایا: ایک دن صبح کے وقت آنحضرت ﷺ ہمارے گھر تشریف لائے ہم ابھی بستر ہی پر تھے کہ سلام کیا ہمیں شرم آئی ہم نے جواب نہ دیا حضور ﷺ نے دوبارہ سلام کیا ہم نے جواب نہ دیا تیسری مرتبہ سلام کیا تو ہم ڈرے کہ واپس چلے جائیں گے کیونکہ حضورؐ کی یہ عادت تھی کہ تین مرتبہ سلام کرتے تھے اگر جواب ملتا تو اجازت لے کر اندر آجاتے تھے ورنہ واپس چلے جاتے تھے لہٰذا ہم نے کہا:

وَعَلَیکَ السَّلامُ یَارَسُولَ اللہ !اندر تشریف لائیں !اس وقت آپ ﷺ ہمارے گھر میں داخل ہوئے۔(۶)

خواتین کو سلام:

کافی میں حضرت امام جعفر صادق (علیہ السلام) سے مروی ہے: آنحضرت ﷺ خواتین کو سلام کرتے تھے اور وہ بھی جواب دیتی تھیں۔

حضرت علیؑ بھی خواتین کو سلام کرتے تھے لیکن جوان عورتوں کو سلام کرنا ناپسند کرتے تھے اور فرماتے تھے:"مجھے خوف ہے کہ ان کی آواز متاثر نہ کر دے اس وقت ثواب سے زیادہ میر انقصان ہو جائے گا۔"(۷)

اس کے بعد علامہ طباطبائی نے فرمایا:

شیخ صدوق نے اس روایت کو بغیر سند کے ذکر فرمایا ہے اور طبری کے پوتے نے اس کو کتاب "مشکوٰۃ" میں "محاسن" سے نقل کیا ہے۔

آنحضرت ﷺ کے بیٹھنے کا طریقہ

کافی میں منقول ہے کہ آنحضرت ﷺ تین (۳) طریقے سے بیٹھتے تھے:

۱۔ قُرفُصاء:(اکڑو) دونوں پنڈلیوں کو بلند کر کے آگے سے دونوں ہاتھوں کا حلقہ بنا لیتے تھے۔

۲۔ کبھی دوزانو ہو کر بیٹھتے تھے۔(گھٹنوں کے بل)

۳۔ کبھی ایک پیر کو موڑ لیتے تھے دوسرے پیر کو اس کے اوپر رکھ لیتے تھے۔انہیں کبھی بھی چار زانو (آلتی پالتی مار کر بیٹھے ہوئے) نہیں دیکھا گیا۔(۸)

جن امور کو حضور ﷺ نے انجام نہ دیا:

مکارم الاخلاق میں حضرت علیؑ سے منقول ہے: آنحضرت ﷺ جب کسی سے

مصافحہ کرتے تو کبھی اس سے پہلے اپنے ہاتھ کو نہیں کھینچتے تھے، جب کوئی شخص آپ سے کوئی حاجت بیان کرتا یا کسی موضوع پر آپ سے گفتگو کرتا تو اس سے پہلے کبھی نگاہ نہ پھیرتے (صرف نظر نہ کرتے) جب کوئی شخص گفتگو کرتا تو اس سے پہلے کبھی خاموش نہ ہوتے، کبھی کسی کے سامنے اپنے پیر نہ پھیلاتے، جب دو کاموں میں اختیار ہوتا تو ان میں سے سخت کام کو منتخب فرماتے، جب آپ ﷺ پر ظلم کیا جاتا تو انتقام نہ لیتے ہاں! اگر محارم الٰہی کے متعلق کوئی توہین ہوتی تو آپ غضبناک ہو جاتے۔ آپ کا غصہ بھی صرف خدا کی راہ میں ہوتا تھا اور زندگی بھر ٹیک لگا کر کھانا نوش نہ فرمایا۔

حاجت روائی

جب بھی آنحضرت ﷺ سے کسی چیز کا سوال کیا گیا کبھی "لا: نہیں "نہ کہا، کبھی کسی ضرورت مند کو واپس نہیں کیا امکانی صورت میں اس کی ضرورت پوری کی ورنہ نرم و شیرین لہجہ میں اسے راضی کیا، آپ کی نماز بغیر کسی نقص و کمی کے مختصر ہوتی تھی، آپ کے خطبے سب سے زیادہ مختصر ہوتے تھے، بیہودہ و فضول باتوں سے پرہیز کرتے تھے، آپ کی بہترین خوشبو سے لوگ آپ کو پہچان جاتے تھے۔

دستر خوان کے آداب

آنحضرت ﷺ جب لوگوں کے ساتھ دستر خوان پر بیٹھتے تو سب سے پہلے شروع کرتے اور سب سے آخر میں کھانا چھوڑتے، اپنے سامنے سے کھاتے صرف رُطب (تر و تازہ، پختہ کھجور) اور تمر (سوکھی کھجور، چھوارا) کھاتے وقت دوسری طرف اپنا دست مبارک بڑھاتے تھے۔

پانی تین سانس میں پیتے تھے اسے نگلتے نہیں بلکہ چوستے تھے صرف داہنے ہاتھ سے کھاتے پیتے اور لیتے دیتے تھے بائیں ہاتھ سے دوسرے تمام کام انجام دیتے تھے تمام امور

داہنے ہاتھ سے انجام دینا پسند کرتے تھے مثلاً لباس پہننا اور کنگھی کرنا۔

لوگوں کو پکارنا

آنحضرت ﷺ جب کسی کو پکارتے تو تین (۳) مرتبہ آواز دیتے، باتوں کی تکرار نہ کرتے، جب کسی کے گھر جاتے تو تین (۳) مرتبہ اجازت لیتے، آپ اس طرح واضح طور پر گفتگو فرماتے کہ سننے والا سمجھ جاتا تھا، گفتگو کے وقت آپ کے سفید دانت چمکتے تھے، آگے کے دانت بڑی خوبصورتی سے ایک دوسرے سے جدا تھے لیکن فاصلہ نہ تھا۔

آنحضرت ﷺ کا نظر کرنا

آنحضرت ﷺ ایک نظر ڈال کر اپنی نظر پھیر لیتے تھے، خیرہ ہو کر نہیں دیکھتے تھے، جو بات آپ کو پسند نہ ہوتی اس کو بیان نہیں فرماتے تھے، اس طرح چلتے جیسے کوئی نشیب کی طرف اترتا ہے حضور ﷺ یہ فرماتے تھے: "اِنَّ خِیَارَکُمْ اَحْسَنُکُمْ اَخلاقاً: تم میں سب سے اچھا وہ ہے جو اخلاق میں سب سے اچھا ہے۔"

کھانے کی کسی چیز کی نہ تو تعریف کرتے نہ برائی، آپ کے اصحاب آپ کی موجودگی میں کسی بات پر نزاع نہیں کرتے تھے۔

تمام امور میں بے نظیر

جس نے آپ سے ملاقات کی اس نے کہا: میں نے آپ ﷺ سے پہلے اور آپ کے بعد آج تک کسی کو آپ جیسا نہیں دیکھا، آپ پر خدا کا درود و سلام ہو۔ (۹)

نظر کرنا اور مصافحہ کرنا

کافی میں حضرت امام جعفر صادق (علیہ السلام) سے مروی ہے: آنحضرت ﷺ اپنے سارے اصحاب کی طرف ایک طرح سے دیکھتے تھے کبھی اس کی طرف اور کبھی اس کی طرف، اصحاب کے سامنے کبھی پیر نہیں پھیلائے، کوئی مصافحہ کرتا تو اس سے پہلے اپنا

ہاتھ نہیں چھڑاتے جب لوگوں کو یہ پتہ چل گیا تو انھوں نے مصافحہ کر کے فوراً اپنے ہاتھوں کو کھینچنا شروع کر دیا۔(۱۰)

اس کے بعد علامہ طباطبائی(رہ) نے فرمایا: کلینی(رہ) نے دو دوسرے طریقوں سے بھی اس کی روایت کی ہے ایک میں یہ وارد ہے: آنحضرتﷺ نے کبھی کسی ضرورت مند کو واپس نہ کیا اگر کوئی چیز موجود ہوتی تو اسے دے دیتے ورنہ فرماتے: يَأْتِي اللّٰهُ بِهِ: خدا بندوبست کر دے گا۔(۱۱)

سنت ہمنشینی

تفسیر عیاشی(رہ) میں حضرت امام جعفر صادق(علیہ السلام) سے مروی ہے: آنحضرتﷺ جب کسی کے سامنے بیٹھتے تو جب تک وہ موجود ہوتا آپ اپنے لباس اور زینت کی چیزیں زیبِ تن کئے رہتے تھے۔(۱۲)

گفتگو کے وقت مسکراہٹ

مکارم الاخلاق میں مروی ہے: آنحضرتﷺ گفتگو کے وقت مسکراتے تھے۔(۱۳)

آنحضرتﷺ کا مزاح

نیز مکارم الاخلاق میں یونس شیبانی سے مروی ہے کہ حضرت امام جعفر صادق(علیہ السلام) نے فرمایا: تم لوگ آپس میں کس قدر شوخی کرتے ہو؟

میں نے عرض کیا: بہت کم!

امام(علیہ السلام) نے فرمایا: شوخی کیوں نہیں کرتے؟! کیونکہ شوخی ایک طرح کی خوش اخلاقی ہے تم شوخی سے اپنے دینی بھائی کو خوش کر سکتے ہو آنحضرتﷺ لوگوں سے شوخی کرتے تھے تاکہ انہیں خوشحال کریں۔(۱۴)

نبی اکرم ﷺ بھی مزاح کرتے تھے

کتاب الاخلاق میں حضرت امام جعفر صادق (علیہ السلام) سے مروی ہے: ہر مومن کے اندر شوخی ہونا چاہیئے خود آنحضرت ﷺ بھی شوخی فرماتے تھے البتہ صرف حق بات کہتے تھے۔(۱۵)

سنت مزاح

کافی میں مُعَمَّر بن خلَّاد سے منقول ہے: میں نے حضرت امام علی رِضاؑ سے پوچھا: آپ پر فدا ہو جاؤں کبھی کبھی چند لوگوں کے درمیان ایسی باتیں ہونے لگتی ہیں کہ شوخی شروع ہو جاتی ہے اور ہنسی آنے لگتی ہے۔(اس میں کوئی حرج ہے؟)

امام (علیہ السلام) نے فرمایا: کوئی حرج نہیں بشرطیکہ کوئی ایسی ویسی بات نہ ہو۔

راوی کا بیان ہے: میں نے سوچا شاید امام (علیہ السلام) کی مراد "گالی" ہے اس کے بعد امام (علیہ السلام) نے فرمایا: ایک اعرابی آنحضرت ﷺ کی خدمت میں ہدیہ و تحفہ لاتا تھا اور وہیں اس طرح عرض کرتا تھا: میرے تحفہ کے پیسے عنایت فرمائیں!

حضور ﷺ ہنسنے لگتے تھے جب آپ غمگین ہوتے تو فرماتے: وہ اعرابی کہاں ہے؟ کاش ہمارے پاس آتا!(۱۶)

قبلہ رخ بیٹھنا

کافی میں حضرت امام جعفر صادق (علیہ السلام) سے منقول ہے: آنحضرت ﷺ اکثراوقات قبلہ کی طرف رخ کرکے بیٹھتے تھے۔(۱۷)

بچوں کا نام رکھنا

مکارم الاخلاق میں مروی ہے: جب کسی چھوٹے بچے کو برکت کی دعا یا نام رکھنے کے لئے لوگ حضورؐ کی خدمت میں لاتے تھے تو آپ اس کے گھر والوں کا احترام کرتے

ہوئے بچہ کو اپنی آغوش میں لیتے تھے۔ ایسا اتفاق بھی ہوا کہ بچہ نے آپ کے اوپر پیشاب کر دیا لوگ دیکھ کر شور کرنے لگتے تو آپ فرماتے:

"رہنے دو کہیں بچہ اپنا پیشاب نہ روک لے!"

آپ بچہ کو ویسے ہی رہنے دیتے وہ مکمل طور سے پیشاب کر لیتا تھا اس کے بعد لوگ بچہ کو لیکر چلے جاتے تھے وہ حضرت کو کبیدہ خاطر نہیں پاتے تھے پھر حضور ﷺ اپنے لباس کو پاک کر لیتے تھے۔(۱۸)

جب آپ سواری کے اوپر ہوتے تو کسی کو اجازت نہ دیتے کہ ساتھ پیدل چلے یا اسے اپنے ساتھ بیٹھا لیتے تھے اور اگر وہ نہ بیٹھتا تو فرماتے:

"تم آگے آگے چلو فلاں جگہ میرا انتظار کرنا!"(۱۹)

آنحضرت ﷺ کا عفو

کتاب الاخلاق میں ابوالقاسم کوفی سے مروی ہے: آنحضرت ﷺ نے کبھی کسی سے انتقام نہ لیا جس سے اذیت پہنچتی اسے معاف کر دیتے تھے۔(۲۰)

ہمنشینی کے آداب

مکارم الاخلاق میں مروی ہے: جب کوئی شخص آنحضرت ﷺ کی خدمت میں آ کر بیٹھتا تو جب تک وہ نہیں اٹھتا تھا حضور ﷺ اپنی جگہ سے نہیں اٹھتے تھے۔(۲۱)

اصحاب کی مزاج پرسی

مذکورہ کتاب میں مروی ہے: جب آنحضرت ﷺ اپنے کسی صحابی کو تین دنوں تک نہ دیکھتے تو اس کی خیریت معلوم کرتے اگر وہ سفر میں ہوتا تو دعا کرتے اگر سفر میں نہ ہوتا تو اس کی ملاقات کے لئے جاتے اور اگر بیمار ہوتا تو عیادت کے لئے جاتے۔(۲۲)

انس بن مالک کا بیان ہے :میں نے خادم و نوکر کے عنوان سے نو(۹)سال تک آنحضرت ﷺ کی خدمت کی مجھے یاد نہیں کہ اس مدت میں کبھی مجھ سے یہ فرمایا ہو:

"یہ کام کیوں نہیں کیا؟"

حضور نے کبھی میرے کام میں عیب نہ نکالا۔(۲۳)

آنحضرت ﷺ کی مہربانی

غزالی کی "احیاء" میں منقول ہے کہ انس نے کہا:اس خدا کی قسم!جس نے انہیں حق کے ساتھ مبعوث کیا کبھی ایسا نہ ہوا کہ آنحضرت ﷺ کو کوئی کام پسند نہ آیا ہو اور اس کے متعلق مجھ سے فرمایا ہو:

"اس کو کیوں انجام دیا؟!"

جب حضورؐ کی بیویاں میری ملامت کرتی تھیں تو آپ فرماتے:

"چھوڑ دو!تقدیر میں یہی لکھا تھا۔"(۲۴)

آنحضرت ﷺ کا جواب

مذکورہ کتاب میں ہے:جب اصحاب میں سے کوئی صحابی یا دوسرا شخص انہیں پکارتا تو جواب میں فرماتے:لَبَّیْکَ(میں حاضر ہوں)۔(۲۵)

اصحاب کا احترام

نیز احیاء میں ہے : آنحضرت ﷺ اپنے اصحاب کے احترام میں ان کا دل خوش کرنے کے لئے انہیں کنیت کے ساتھ پکارتے تھے اور جن کی کوئی کنیت نہ ہوتی ان کے لئے کنیت قرار دیتے تھے دوسرے لوگ بھی اسی کنیت سے پکارتے اسی طرح صاحب اولاد اور بغیر اولاد والی خواتین یہاں تک کہ بچوں کے لئے بھی کنیت رکھتے تھے اس طرح سے سب کے دلوں کو جیت لیتے تھے۔(۲۶)

احترام کا ایک طریقہ "تکیہ" دینا

احیاء میں ہے: جب آنحضرت ﷺ کی خدمت میں کوئی آتا تھا تو آپ اپنا تکیہ اسے دے دیتے تھے اگر وہ قبول نہ کرتا تو آپ اس قدر اصرار فرماتے کہ اسے لینا ہی پڑتا تھا۔(۲۷)

ماہ رمضان میں بخشش

نیز احیاء میں ہے: ماہ رمضان المبارک میں تیز ہوا کے مانند آپ کے ہاتھ میں جو کچھ آتا اسے بخش دیتے تھے۔(۲۸)

ضرورت مندوں کی مدد کی حد

کافی میں عَجْلان سے مروی ہے کہ میں حضرت امام جعفر صادق (علیہ السلام) کی خدمت میں تھا ایک ضرورت مند آیا حضرت اٹھے ایک مٹھی بھر کر ٹوکری سے کھجور نکالی اسے دے دیا اسی طرح چار (۴) ضرورت مند آئے سب کو دیا چوتھی مرتبہ فرمایا:

"خدا ہمارا اور تمہارا رازق ہے۔"

اس کے بعد مجھ سے فرمایا: جب بھی کوئی شخص آنحضرت ﷺ سے سوال کرتا تھا آپ اسے عطا فرماتے تھے ایک مرتبہ ایک خاتون نے اپنے بچہ کو بھیجا کہ جا کر سوال کرو اگر وہ یہ کہیں کہ میرے پاس کوئی چیز نہیں تو تم کہنا:

"حضورؐ! اپنا پیراہن ہی دے دیں۔"

حضرت امام جعفر صادقؑ (علیہ السلام) نے فرمایا: آنحضرت ﷺ نے اپنا پیراہن اتار کر دے دیا اس وقت خدا نے یہ آیت نازل کی اور آپ کو میانہ روی کا حکم دیا:

وَلَا تَجْعَلْ يَدَكَ مَغْلُوْلَةً اِلٰى عُنُقِكَ وَلَا تَبْسُطْهَا كُلَّ الْبَسْطِ فَتَقْعُدَ مَلُوْمًا مَّحْسُوْرًا: اے رسولؐ! اپنے ہاتھ کو گردن سے ملا کر نہ باندھ دو ایسا نہ ہو کہ (ایک دم سے کچھ بھی نہ

دو) اور نہ تو بالکل ہی اسے کھول دو (ایسا بھی نہ ہو کہ اپنا سب کچھ دے دو) پھر تمھیں ملامت زدہ، حیرتناک بیٹھنا پڑے۔ (اسراء۱۷ ۲۹) (۲۹)

صدقہ کے بجائے ہدیہ

کافی میں حضرت امام محمد باقرؑ سے مروی ہے: آنحضرت ﷺ ہدیہ کی ہوئی چیزیں نوش فرماتے تھے لیکن صدقہ کی چیزیں نہیں کھاتے تھے۔ (۳۰)

ایک راستہ سے جانا دوسرے سے آنا

اسی کافی میں مروی ہے کہ موسیٰ بن عمران بن بزِیع نے کھا: میں نے حضرت امام علی رِضاؑ سے عرض کیا: میں آپ پر فدا ہو جاؤں لوگ کہتے ہیں کہ جناب رسول خداؐ جس راستہ سے جاتے تھے واپسی میں دوسرے راستہ سے آتے تھے کیا یہ صحیح ہے؟ فرمایا: ہاں! میں بھی اکثر ایسا ہی کرتا ہوں اور تم بھی ایسا ہی کیا کرو! (۳۱)

گھر سے باہر نکلنے کا وقت

کتاب اقبال میں حضرت امام جعفر صادق (علیہ السلام) سے مروی ہے : آنحضرت ﷺ سورج نکلنے کے بعد گھر سے باہر تشریف لاتے تھے۔ (۳۲)

نزدیک ترین جگہ بیٹھنا

کافی میں حضرت امام جعفر صادق (علیہ السلام) سے مروی ہے: آنحضرت ﷺ کسی جگہ تشریف لے جاتے تو داخل ہونے کے بعد سب سے نزدیک والی (خالی) جگہ بیٹھتے تھے۔ (۳۳)

آنحضرت ﷺ کی انکساری و تواضع

غوالی اللآلی میں مروی ہے: آنحضرت ﷺ کو یہ بات پسند نہ تھی کہ آپ کے لئے کوئی شخص اپنی جگہ سے اٹھے اسی لئے لوگ آپ کی تشریف آوری کے وقت نہیں

اٹھتے تھے لیکن جاتے وقت حضرتؐ کے ساتھ دوسرے لوگ بھی اٹھتے تھے اور بیت الشرف کے دروازہ تک رخصت کر آتے تھے۔(۳۴)

خواتین کی رائے کی مخالفت

کافی میں ہے: جب آنحضرت صلی اللہ علیہ وسلم کسی جنگ کا ارادہ کرتے تھے تو اپنی بیویوں سے مشورہ فرماتے تھے پھر ان کی رائے کے خلاف عمل کرتے تھے۔(۳۵)

پسینہ کی خوشبو

مناقب میں منقول ہے: آنحضرت صلی اللہ علیہ وسلم جناب ام سلمہ (رضی اللہ عنہا) کے حجرہ میں قیلولہ فرماتے تھے وہ آپ کے پسینہ کو جمع کر کے عطر میں ملا لیتی تھیں۔(۳۶)

لوگوں سے گفتگو

کافی میں حضرت امام جعفر صادق (علیہ السلام) سے مروی ہے: آنحضرت صلی اللہ علیہ وسلم نے لوگوں سے کبھی اپنی عقل کے مطابق گفتگو نہ کی اس کے بعد فرمایا کہ جناب رسول خداؐ نے فرمایا:

اِنَّا مَعَاشِرَ الْاَنْبِیَآءِ اُمِرْنَا اَنْ نُکَلِّمَ النَّاسَ عَلٰی قَدْرِ عُقُوْلِھِمْ: ہم تمام انبیاء کو حکم دیا گیا ہے کہ لوگوں سے ان کی عقل کے مطابق گفتگو کریں۔(۳۷)

یہ حدیث کتاب محاسن، امالی صدوق (رہ) اور تحف العقول میں بھی ہے۔(۳۸)

لوگوں سے رعایت کا حکم

امالی طوسی (رہ) میں نبی کریم صلی اللہ علیہ و آلہ وسلم سے مروی ہے: ہم تمام انبیاء کو جس طرح تمام واجبات کی ادائیگی کا حکم دیا گیا ہے اسی طرح لوگوں کی رعایت کرنے کا بھی حکم دیا گیا ہے۔(۳۹)

لوگوں کے ساتھ رعایت

کافی میں حضرت امام جعفر صادق (علیہ السلام) سے مروی ہے کہ آنحضرت ﷺ نے فرمایا: جس طرح میرے پروردگار نے مجھے فرائض کی ادائیگی کا حکم دیا ہے اسی طرح لوگوں کے ساتھ رعایت کرنے کا بھی حکم دیا ہے۔(۴۰)

یہ حدیث تحف العقول، خصال و معانی الاخبار میں بھی مروی ہے۔(۴۱)

نبی ﷺ کا اخلاق، قرآنی ہے

محجۃ البیضاء میں سعد بن ھشام سے مروی ہے: میں نے عائشہؓ سے آنحضرت ﷺ کے اخلاق کے متعلق سوال کیا تو انھوں نے کہا: کیا تم نے قرآن نہیں پڑھا؟

میں نے کہا: کیوں؟ عائشہ نے کہا: آنحضرت ﷺ کا اخلاق، قرآن ہے۔(۴۲)

یہ حدیث، مجموعۂ ورّام (رہ) میں بھی ہے۔(۴۳)

اہل بیت علیہم السلام کی جوان مردی

تحف العقول میں آنحضرت ﷺ سے مروی ہے: ہم اہل بیت علیہم السلام کی جوان مردی یہ ہے کہ جس نے ہمارے اوپر ظلم کیا ہے ہم اسے بخش دیتے ہیں اور جو ہمیں محروم رکھتا ہے ہم اس کے ساتھ بخشش کرتے ہیں۔(۴۴)

امالی صدوق (رہ) میں بھی اس پھلے معنی کی روایت کی گئی ہے۔(۴۵)

فقیروں سے محبت

کافی میں آنحضرت ﷺ سے مروی ہے: میرے رب نے مجھے حکم دیا ہے کہ میں مسلمان فقیروں سے محبت کروں۔(۴۶)

حُسن خلق، اخلاق انبیاء

ارشاد دیلمی (رہ) میں حضرت امام جعفر صادق (علیہ السلام) سے مروی ہے

:صبر، سچائی، بردباری،اور حسن خلق یہ سب انبیاء(علیہم السلام) کے اخلاق میں سے ہیں۔(۴۷)

آنحضرت ﷺ کی اخلاقی دعا

محجۃ البیضاء میں منقول ہے: آنحضرت ﷺ خدا کی بارگاہ میں بہت تضرع وزاری کرتے تھے اور برابر خدا سے دعا کرتے تھے کہ انہیں آداب و مکارم الاخلاق سے آراستہ کرے،وہ اپنی دعا میں فرماتے تھے:

اَللّٰھُمَّ حَسِّنْ خُلُقِیْ؛(وَیَقُوْلُ:) اَللّٰھُمَّ جَنِّبْنِیْ مُنْکَرَاتِ الْاَخْلَاقِ: خدایا! میرا اخلاق اچھا بنا دے! خدایا! مجھے برے اخلاق سے دور رکھ!(۴۸)

بداخلاقی کی آفت

مجالس صدوق (رہ) میں آنحضرت ﷺ سے مروی ہے: جبرئیل (علیہ السلام) خدا کی جانب سے میرے پاس نازل ہوئے اور انہوں نے کہا":یا مُحَمَّدُ!(صلّی اللہ علیہ و آلہ وسلّم)عَلَیْکَ بِحُسْنِ الْخُلُقِ:اے محمد!(صلی اللہ علیہ و آلہ وسلم) آپ اچھے اخلاق سے پیش آیئے کیونکہ برے اخلاق سے دنیاو آخرت کی بھلائی ختم ہو جاتی ہے۔"

پھر آنحضرت ﷺ نے فرمایا:"تم میں سے وہ شخص مجھ سے سب سے زیادہ مشابہ ہے جو اخلاق میں سب سے اچھا ہے۔"(۴۹)

آنحضرت ﷺ کا مزاح،باعث رحمت

شہید ثانی (رہ) کی کتاب کشف الریبہ میں حسین بن زید سے مروی ہے: میں نے حضرت امام جعفر صادق (علیہ السلام) سے عرض کیا:

میں آپ پر فدا ہو جاؤں کیا آنحضرت ﷺ کسی سے شوخی کرتے تھے؟

امام (علیہ السلام) نے فرمایا: خدا نے آنحضرت ﷺ کے لئے ارشاد فرمایا کہ وہ

خلق عظیم پر فائز ہیں خدا نے جتنے بھی انبیاءؑ بھیجے ان کے اندر کچھ گرفتگی (ملال) ہوتا تھا لیکن حضورؐ کو مکمل رافت و رحمت کے ساتھ مبعوث فرمایا ان کی ایک مہربانی یہ تھی کہ اپنے اصحاب سے مزاح فرماتے تھے تاکہ ان کی عظمت و بزرگی سے وہ مرعوب نہ ہوں ان کی طرف نظر کر سکیں اور حضور ﷺ سے اپنی ضرورتوں کو بیان کر سکیں۔

اصحاب کو خوش کرنا

اس کے بعد حضرت امام جعفر صادق (علیہ السلام) نے فرمایا: میرے پدر بزرگوار نے اپنے آبائے طاہرین علیہم السلام سے انھوں نے حضرت علیؑ سے روایت کی ہے: جب آنحضرت ﷺ اپنے کسی صحابی کو غمگین و رنجیدہ دیکھتے تو شوخی کر کے اسے خوش کر دیتے تھے اور فرماتے تھے:

"جو شخص ترشروئی کے ساتھ اپنے بھائیوں سے ملاقات کرتا ہے خداوند عالم اس پر غضبناک ہوتا ہے۔" (۵۰)

تمام چیزوں کے متعلق گفتگو

مکارم الاخلاق میں زید بن ثابت سے مروی ہے: ہم جب بھی آنحضرت ﷺ کے ساتھ بیٹھتے تھے اگر آخرت کے متعلق گفتگو ہوتی تو آپ بھی ہمارے ساتھ اسی کی گفتگو کرتے اور اگر ہم دنیا کے متعلق گفتگو کرتے تو آپ بھی یہی کرتے اسی طرح اگر ہم کھانے پینے سے متعلق گفتگو کرتے تو آپ بھی اسی کے بارے میں گفتگو فرماتے تھے۔ (۵۱)

ابرو سے اشارہ نہ کرنا

مناقب میں مروی ہے: آنحضرت ﷺ اپنی چشم مبارک اور ابرو سے اشارہ نہیں کرتے تھے۔ (۵۲)

ذخیرہ اندوزی کی ممانعت

کشف الغمہ میں منقول ہے: آنحضرت ﷺ نے اپنی ایک بیوی سے فرمایا: کیا میں نے تم کو منع نہیں کیا تھا کہ کل کے لئے کچھ ذخیرہ نہ کرنا کیونکہ خدا ہر آنے والے کل کا رزق، عطا کرنے والا ہے۔(۵۳)

راہ خدا میں زیارت

کتاب دعائم الاسلام میں آنحضرت ﷺ سے مروی ہے: انبیاء، صدیقین، شہداء اور صالحین کا سب سے بہترین اخلاق یہ ہے: "وہ خدا کی راہ میں ایک دوسرے کی زیارت کرتے ہیں۔"(۵۴)

چہرہ پر خوشی کے آثار

مجموعۂ ورّا(رہ)م میں آنحضرت ﷺ سے مروی ہے: انبیاؑ و صدیقین کا اخلاق یہ ہے کہ ملاقات کے وقت ان کے چہرہ سے خوشی کے آثار ظاہر ہوتے ہیں اور وہ مصافحہ بھی کرتے ہیں۔(۵۵)

مصافحہ میں پہل

مناقب میں منقول ہے: جب آنحضرت ﷺ کسی مسلمان سے ملاقات کرتے تو پہلے مصافحہ کرتے تھے۔(۵۶)

اصحاب سے سفارش

احیاء العلوم میں منقول ہے: آنحضرت ﷺ اپنے اصحاب سے فرماتے تھے: "تم لوگ اپنی برائیاں مجھ سے بیان نہ کرنا کیونکہ مجھے یہ پسند ہے کہ تمھارے پاس ہر کدورت سے خالی دل کے ساتھ رہوں۔"(۵۷)

یہ مکارم الاخلاق میں بھی مروی ہے۔(۵۸)

تکلف سے ممانعت

مصباح الشریعہ میں آنحضرت صَلَّی اللّٰہُ عَلَیْہِ وَسَلَّم سے منقول ہے: ہم انبیاء، اُمناء اور اتقیاء، تکلف سے دور ہیں۔ (۵۹)

ایک جامع پیغمبرؐ

مذکورہ کتاب میں آنحضرت صَلَّی اللّٰہُ عَلَیْہِ وَسَلَّم سے منقول ہے: میں اس لئے مبعوث کیا گیا ہوں تاکہ علم و حلم اور صبر کا مرکز بنوں۔ (۶۰)

آنحضرت صَلَّی اللّٰہُ عَلَیْہِ وَسَلَّم کی بے تکلفی

مکارم الاخلاق میں ابوذر سے مروی ہے: آنحضرت صَلَّی اللّٰہُ عَلَیْہِ وَسَلَّم اپنے اصحاب کے درمیان بغیر کسی امتیاز کے بیٹھتے تھے اگر کوئی اجنبی آتا تھا تو وہ حضرتؐ کو بغیر پوچھے نہیں پہچانتا تھا ہم نے حضورؐ کی خدمت میں عرض کیا: "آپ ایک خاص جگہ تشریف رکھا کریں تاکہ ہر نووارد شخص آپ کو پہچان جائے۔"

اس کے بعد ہم نے آپ کے لئے مٹی کا ایک چبوترہ بنا دیا آپ اس پر بیٹھتے اور ہم تمام اصحاب دونوں طرف بیٹھتے تھے۔ (۶۱)

گفتگو کے وقت سب کی طرف توجہ رکھنا

مجموعہ ورّام (رہ) میں ہے: آنحضرت صَلَّی اللّٰہُ عَلَیْہِ وَسَلَّم کی ایک سنت یہ ہے کہ جب تم چند لوگوں سے گفتگو کرو تو صرف کسی ایک کی طرف توجہ و نظر نہ کرو بلکہ سب کی طرف توجہ کرتے رہو۔ (۶۲)

خود ہی سارے کام انجام دینا

اسی کتاب میں ہے: آنحضرت صَلَّی اللّٰہُ عَلَیْہِ وَسَلَّم اپنے لباس میں خود ہی پیوند لگاتے تھے،

نعلین کی سلائی خود ہی کرتے تھے، آپ گھر کے اندر سب سے زیادہ جو کام کرتے تھے وہ خیاطی کا تھا۔(٦٣)

انتقام صرف حدودِ الٰہی کی بنا پر

اسی مجموعہ میں ہے: آنحضرت ﷺ نے کبھی اپنے غلاموں اور کنیزوں کو راہ خدا کے علاوہ نہ مارا، کبھی اپنے لئے کسی سے انتقام نہ لیا صرف وہیں اس طرح کا اقدام کیا جہاں حدود الٰہی میں سے کسی حد کا اجراء مقصود ہوتا تھا۔(٦٤)

انبیاءؑ کا مشترک اخلاق

کافی میں حضرت امام جعفر صادق (علیہ السلام) سے منقول ہے: خدا نے جس نبی کو مبعوث کیا اسے سچائی اور امانت داری کا حکم دیا چاہے وہ امانت کسی نیک انسان کی ہو یا بد کردار کی۔ یہ روایت تفسیر عیاشی (رہ) میں بھی ہے۔(٦٥)

عیاشی (رہ) نے بھی اپنی تفسیر میں اس معنی کی روایت کی ہے۔(٦٦)

امانت میں خیانت نہ کرو

"مجموعہ" میں حضرت امام جعفر صادق (علیہ السلام) سے مروی ہے: امانت میں خیانت نہ کرو کیونکہ آنحضرت ﷺ کو سوئی اور دھاگہ بطور امانت دیا جاتا تھا تو اسے بھی صاحب امانت کو واپس کر دیتے تھے۔(٦٧)

وعدہ وفائی

"مکارم الاخلاق" میں حضرت امام جعفر صادق (علیہ السلام) سے مروی ہے : آنحضرت ﷺ نے ایک شخص سے وعدہ کیا: "فلاں پتھر کے پاس میں تم سے ملوں گا تم آنا!"

امام (علیہ السلام) نے فرمایا: اس چٹان کے پاس حضورؐ کو شدید گرمی لگی اصحاب نے

عرض کیا: اگر آپ سایہ میں آجائیں تو کیا حرج ہے ؟!

فرمایا: "اسی جگہ اس سے ملنے کا وعدہ کیا ہے لہٰذا میں یہیں پر اس کا انتظار کرتا رہوں گا اگر وہ نہ آئے تو اس کی طرف سے وعدہ خلافی ہو گی۔" (٦٨)

اہل بیت علیہم السلام کی ذمہ داری

"محاسن" میں حضرت علی (علیہ السلام) سے مروی ہے: ہم اہل بیت علیہم السلام کی یہ ذمہ داری ہے: کھانا کھلائیں، حادثات میں لوگوں کو پناہ دیں اور جب سب لوگ سوتے ہیں اس وقت نماز پڑھنے میں مشغول ہوں۔ (٦٩) یہ روایت کافی میں بھی ہے۔ (٧٠)

مہمان سے کام نہ لینا

کافی میں منقول ہے کہ حضرت امام علی رضاؑ کی خدمت میں ایک مہمان آیا مولا نے رات میں کچھ دیر اس سے بات کی چراغ کی روشنی کم ہو گئی مہمان نے اصلاح کے لئے ہاتھ بڑھایا امام (علیہ السلام) نے روک دیا خود بتّی کو درست کیا اور فرمایا: "اِنَّا قَوْمٌ لاٰنَسْتَخْدِمُ اَضْیاٰفَنَا: ہم اہل بیت (علیہم السلام) کو یہ بات پسند نہیں کہ اپنے مہمان سے کوئی کام لیں۔" (٧١)

ہم مہمان کے جانے پر اس کی مدد نہیں کرتے

امالی صدوق (رہ) میں مروی ہے: قبیلۂ جہنیہ کے کچھ لوگ حضرت امام جعفر صادق (علیہ السلام) کی خدمت میں آئے امام (علیہ السلام) نے استقبال کیا ان کی خاطر تواضع کی جب وہ جانے لگے تو انہیں زاد راہ، صلہ وعطیہ دیا پھر اپنے غلاموں سے فرمایا:

"سامان باندھنے میں ان کی مدد نہ کرنا!"

جب وہ لوگ سامان باندھ چکے تو عرض کیا: فرزند رسولؐ! آپ نے ہماری بہت اچھی طرح خاطر تواضع کی لیکن آخر میں غلاموں کو سامان باندھنے سے کیوں روک دیا؟

امام(علیہ السلام) نے فرمایا: ہم اپنے یہاں سے جانے میں مہمانوں کی مدد نہیں کرتے۔(۷۲)

مہمان کے ساتھ کھانا

کافی میں مروی ہے کہ جب آنحضرت ﷺ کی خدمت میں کوئی مہمان آتا تھا تو آپ اس کے ساتھ کھانا تناول فرماتے تھے جب تک مہمان کھانے سے اپنا ہاتھ نہیں کھینچتا تھا آپ اس کے ساتھ کھاتے رہتے تھے۔(۷۳)

مہمان کو رخصت کرنا

احیاء العلوم میں ہے: ایک سنت یہ ہے کہ گھر کے دروازہ تک مہمان کو رخصت کیا جائے۔(۷۴)

رزق میں خدا پر توکل

کافی میں ابن بکیر ناقل ہیں: اکثر ایسا اتفاق ہوتا تھا کہ حضرت امام جعفر صادق (علیہ السلام) ہمیں موٹی تنوری روغنی روٹی اور حلوا کھلاتے تھے اس کے بعد روٹی اور روغن زیتون کھلاتے تھے۔

امام (علیہ السلام) سے کہا گیا: اگر آپ اس میں کچھ کمی کر دیں تو زندگی میں اعتدال پیدا ہو جائے گا۔ فرمایا: ہم حکم خدا کے مطابق تدبیر کرتے ہیں جب ہمارے رزق میں وسعت ہوتی ہے تو ہماری زندگی میں کشادگی ہوتی ہے اور جب خدا، تنگی کرتا ہے تو ہم قناعت کرتے ہیں۔(۷۵)

آنحضرت ﷺ کا طریقہ یہ نہیں ہے

مجموعہ ورّرا(رہ)م میں منقول ہے کہ حضرت امام جعفر صادق (علیہ السلام) نے اپنے اصحاب سے فرمایا: جو تم سے محبت سے ملتا ہے اسے اس کے عیوب کا طعنہ نہ دو اور

جس گناہ میں وہ مبتلا ہے اس کا پرچار نہ کرو کیونکہ یہ طریقہ نہ تو نبی ﷺ کا ہے اور نہ اولیائے الٰہی کا۔(۷۶)

معمولی تحفہ قبول کرنا

کتاب "فقیہ" میں آنحضرت ﷺ سے مروی ہے: اگر مجھے کسی گوسفند کے پایہ کی دعوت دی جائے تب بھی میں قبول کرلوں گا اور اگر اسے تحفہ کے طور پر لائیں تو بھی قبول کرلوں گا۔(۷۷)

کافی میں (صرف) دوسرا جملہ مروی ہے۔(۷۸)

آنحضرت ﷺ کا مشورہ

"محاسن" میں مُعَمَّر بن خلاد سے مروی ہے: حضرت امام علی رِضا (علیہ السلام) کا سعد نامی ایک غلام دنیا سے گزر گیا امام (علیہ السلام) نے فرمایا: مجھے کسی صاحب علم اور امانت دار کا پتا بتاؤ تا کہ اسے سعد والی جگہ پر معین کردوں۔

میں نے عرض کیا-: میں آپ کو بتاؤں؟! امام (علیہ السلام) نے غصہ کے عالم میں فر مایا: آنحضرت ﷺ اپنے اصحاب سے مشورہ کرتے تھے پھر جس چیز کا ارادہ کرلیتے تھے اس پر بالکل پختہ طریقہ سے جم جاتے تھے۔(۷۹)

آنحضرت ﷺ کا مناظرہ

احتجاج میں حضرت امام حسن عسکری (علیہ السلام) سے مروی ہے: میں نے اپنے پدر بزرگوار سے عرض کیا: جب یہود و مشرکین آنحضرت ﷺ سے دشمنی رکھتے تھے تو کیا آپ ان سے مناظرہ کرتے تھے؟ میرے بابا نے فرمایا: ہاں! اکثر مناظرہ فرمایا کرتے تھے۔(۸۰)

یہ حدیث، تفسیر امام حسن عسکری (علیہ السلام) میں بھی مروی ہے۔(۸۱)

لوگوں سے نزاع کی ممانعت

امالی صدوق (رہ) میں آنحضرت ﷺ سے مروی ہے: سب سے پہلی چیز جس سے میرے رب نے مجھے منع کیا وہ "نزاع" ہے۔(۸۲)

کبھی "نہیں" نہ کہا:

بحار میں دعوات راوندی (رہ) سے منقول ہے حضرت علی (علیہ السلام) نے فرمایا: جب آنحضرت ﷺ سے کسی چیز کے متعلق سوال کیا جاتا اگر وہ کام آپ کی مرضی و ارادہ کے مطابق ہوتا تو آپ فرماتے: نَعَم! (ہاں!) اور اگر خلاف ہوتا تو خاموش رہتے لیکن کبھی لا (نہیں) نہیں کہتے تھے۔(۸۳)

حلقہ وار نشست

مکارم الاخلاق میں انس سے مروی ہے: جب ہم آنحضرت ﷺ کی خدمت میں ہوتے تو حلقہ بنا کر بیٹھ جاتے تھے۔(۸۴)

اصحاب و ملائکہ کی ہمراہی

اسی کتاب میں جابر ص سے منقول ہے: جب آنحضرت ﷺ باہر نکلتے تو اصحاب آگے آگے اور فرشتے پیچھے پیچھے ہوتے تھے۔(۸۵)

فوجیوں کے ساتھ مہربانی

مکارم الاخلاق میں جابر (رض) سے مروی ہے: آنحضرت ﷺ جنگوں میں سب سے پیچھے چلتے تھے فوجیوں کے لئے دعا فرماتے تھے اگر کسی کمزور کے لئے راستہ چلنا مشکل ہوتا تھا تو اسے اپنے پیچھے سوار کر لیتے اور مہربانی کے ساتھ لشکر تک پہنچا دیتے تھے۔(۸۶)

متاع دنیا کی طرف نہ دیکھنا

مجمع البیان میں ہے: آنحضرت ﷺ دنیا کی ایسی چیزوں کی طرف نہیں دیکھتے تھے جو غرور ودلبستگی کا باعث بنیں۔(۸۷)

نماز، غم والم کو دور کرتی ہے

مجمع میں ہے: جب آنحضرت ﷺ کسی چیز سے محزون ہوتے تھے تو نماز کی پناہ لیتے تھے۔(۸۸)

ظاہر میں بندوں کے، باطن میں خدا کے ساتھ

نیز اسی کتاب میں ہے: اگرچہ آنحضرت ﷺ اپنے نیک اخلاق کے ذریعہ لوگوں کے ساتھ معاشرت رکھتے تھے لیکن ان کا دل، جدا تھا آپ ظاہری طور پر مخلوق لیکن باطنی طور پر خالق کے ساتھ ہوتے تھے۔(۸۹)

آنحضرت ﷺ کی خلوت

بحار میں مروی ہے: آنحضرت ﷺ اپنے لئے خلوت وتنہائی کو پسند کرتے تھے۔ (۹۰)

ہر حال میں ذِکر

مجمع البیان میں حضرت ام سلمہ (رضی اللہ تعالیٰ عنہا) سے مروی ہے : آنحضرت ﷺ اٹھتے، بیٹھتے اور آتے جاتے وقت یہ ذکر پڑھتے تھے:

سُبْحَانَ اللّٰہِ وَبِحَمْدِہٖ اَسْتَغْفِرُ اللّٰہَ وَ اَتُوْبُ اِلَیْہِ، جب ہم نے علت دریافت کی تو فرمایا: مجھے خدا کی طرف سے اس کے پڑھنے کا حکم دیا گیا ہے اس کے بعد آپ نے اِذَا جَآءَ نَصْرُ اللّٰہِ وَالْفَتْحُ کی تلاوت کی۔(۹۱)

سات(۷) خصلتیں

بحار الانوار میں آنحضرت ﷺ سے مروی ہے: میرے رب نے مجھ سے سات (۷) چیزوں کی سفارش کی ہے: چھپا کر اور ظاہر میں ہر کام فقط خدا کے لئے کروں، جو مجھ پر ظلم کرے اسے بخش دوں، جو مجھے محروم کرے اسے عطا کروں، جو مجھ سے تعلقات ختم کرے اس کے ساتھ صلۂ رحم کروں، جب خاموش رہوں تو غور و فکر کروں اور جب دیکھوں تو عبرت حاصل کروں۔(۹۲)

غلاموں کے ساتھ تعاون

مناقب میں ہے: آنحضرت ﷺ اپنی نعلین اور لباس خود سلتے، دروازہ خود کھولتے، بکری کا دودھ دوہتے، اونٹنی کو باندھتے پھر دودھ دوہتے اور جب آپ کا خادم خستہ ہو جاتا تھا تو اس کے ساتھ چکی بھی چلاتے تھے۔

گھر والوں کے ساتھ تعاون

آنحضرت ﷺ نماز شب کے وضو کے لئے پانی خود ہی رکھتے تھے، پیدل چلنے میں کوئی آپ پر سبقت نہیں کرتا تھا، بیٹھتے وقت کسی چیز پر ٹیک نہیں دیتے تھے، گھر کے کاموں میں مدد فرماتے اور اپنے دست مبارک سے گوشت کی بوٹیاں بناتے تھے۔

آداب طعام

دستر خوان پر غلاموں کی طرح بیٹھتے تھے، کھانے کے بعد انگلیاں چاٹتے تھے اور کبھی اتنا زیادہ کھانا نوش نہ فرماتے کہ ڈکار آنے لگے۔

آنحضرت ﷺ ہر ایک غلام اور آزاد شخص کی دعوت قبول فرماتے تھے چاہے ذِراع (دست کے گوشت) کی دعوت دی جائے یا کُراع (پایہ) کی، نیز تحفہ قبول فرماتے تھے چاہے ایک گھونٹ دودھ ہی کیوں نہ ہو، تحفہ دی ہوئی چیز کو نوش فرماتے تھے لیکن

صدقہ نہیں کھاتے تھے۔

کسی کی طرف ٹکٹکی باندھ کر نہیں دیکھتے تھے، آپ کا غضب صرف خدا کے لئے تھا اپنے لئے کبھی غصہ نہ کیا، کبھی بھوک کی شدت میں شکم مبارک پر پتھر باندھتے تھے ،ماحضر تناول فرماتے تھے اور موجود چیز کو نہیں ٹھکراتے تھے۔

لباس پیغمبرؐ

آنحضرت ﷺ ایک ساتھ دو لباس نہیں پہنتے تھے کبھی دھاری دار بر دیمانی پہنتے اور کبھی پشمینہ (اُون کی) عبا کو اوپر سے ڈال لیتے تھے اسی طرح روئی اور کتان کے لباس بھی پہنتے تھے، آپ کے اکثر لباس سفید تھے، پیراہن کو داہنی طرف سے پہنتے تھے، جمعہ کے لئے ایک مخصوص لباس تھا، جب نیا لباس پہنتے تو پرانا فقیر کو دے دیتے تھے، جب کسی جگہ بیٹھتے تو عبا دہری تہ کر کے لوگ بچھا دیتے تھے، داہنے ہاتھ کی چھوٹی انگلی میں چاندی کی انگوٹھی پہنتے تھے۔

معاشرہ کے لئے پیغمبر ﷺ کی سیرت

آنحضرت ﷺ کو تربوز پسند تھا، بدبو پسند نہیں تھی، وضو کے وقت مسواک کرتے تھے، اپنی سواری پر اپنے غلام یا دوسرے کو پیچھے بیٹھا لیتے تھے، آپ سواری کے ہر قسم کے جانور مثلاً گھوڑے، گدھے اور خچر پر سوار ہوتے تھے، گدھے کی برہنہ پشت پر بغیر زین کے صرف لگام کے ساتھ سوار ہو جاتے تھے کبھی ایسا بھی ہوتا کہ بغیر عبا، عمامہ، عرقچین (ٹوپی) کے ننگے پاؤں پیدل نکل جاتے، جنازے کی مشایعت کرتے، دور دور تک جا کر بیماروں کی عیادت کرتے، فقراء کے ساتھ بیٹھ کر کھانا کھاتے، اپنے دست مبارک سے انہیں کھانا دیتے، جو شخص اخلاق میں صاحب فضل ہوتا اس کا احترام کرتے، عزت دار لوگوں سے الفت اور ان کے ساتھ نیکی کرتے، اپنے رشتے داروں کے ساتھ صلۂ رحم

کرتے تھے البتہ انہیں دوسروں پر ترجیح نہیں دیتے تھے، کسی پر ظلم نہیں کرتے تھے، معذرت کرنے والوں کا عذر قبول فرماتے، جس وقت قرآن نازل نہیں ہوتا تھا اس وقت لوگوں کو نصیحت کرتے، حضرت ﷺ کی مسکراہٹ دوسرے لوگوں سے زیادہ تھی اگر کبھی ہنستے تو قہقہہ کے ساتھ نہیں ہنستے تھے۔

پاکیزہ کلام

آنحضرت ﷺ اپنی خوراک اور پوشاک، غلاموں اور کنیزوں سے بہتر اختیار نہ فرماتے، کبھی کسی کو برا بھلا نہ کہا، کبھی کسی عورت یا خادم پر لعنت نہ کی، جب آپ کے سامنے کسی کی ملامت کی جاتی تو آپ فرماتے: اسے چھوڑو تم سے کیا مطلب!

جب کوئی آزاد یا غلام یا کنیز کسی حاجت کے لئے آتے تو پوری کرتے تھے، آپ نے کبھی تندی و بد اخلاقی نہ کی، بازار میں آواز بلند نہ کرتے، دوسروں کی برائی کا جواب برائی سے نہ دیتے بلکہ نظر انداز کر کے معاف کر دیتے تھے اور جس سے بھی ملتے تھے پہلے خود سلام کرتے تھے۔

کاموں میں تعاون

جب آنحضرت ﷺ کی خدمت میں کوئی کسی کام سے آتا تو آپ صبر کے ساتھ تعاون فرماتے تا کہ وہ کام عملی طور پر انجام پا جائے یا وہ شخص اپنا ارادہ ہی بدل دے، کبھی ایسا نہ ہوا کہ کسی نے مصافحہ کیا ہو اور آپ نے اس سے پہلے اپنا دست مبارک کھینچ لیا ہو، جب مسلمان سے ملتے تو پہلے خود سلام کرتے تھے۔

ضرورت مندوں کے ساتھ تعاون

آنحضرت ﷺ اٹھتے بیٹھتے ذکر خدا کرتے تھے، اگر نماز میں مشغول ہوتے اور کوئی پہلو میں بیٹھ جاتا تو نماز کو مختصر کر کے ختم کر دیتے پھر اس کی طرف متوجہ ہو کر پوچھتے

تھے: "کیا کوئی ضرورت پیش آگئی ہے؟"

نشست و برخاست کے آداب

آنحضرت ﷺ اکثر اوقات اس طرح بیٹھتے تھے: دونوں پنڈلیوں کو بلند کر لیتے اور دونوں دست مبارک کو آگے سے حلقہ بنا لیتے تھے (اکڑو بیٹھتے تھے) جب کسی مجمع میں جاتے تو سب سے پھلے جو خالی جگہ ہوتی وہیں بیٹھتے اور اکثر اوقات قبلہ رخ بیٹھا کرتے تھے ، آپ کی خدمت میں جو کوئی بھی آتا اس کا احترام کرتے کبھی کبھی اپنا لباس بچھا کر اس پر بیٹھا دیتے یا اسے اپنے بستر پر بیٹھا لیتے تھے، خوشی اور غصہ میں صرف حق بات کہتے تھے۔

پسندیدہ پھل

آنحضرت ﷺ کھیرے اور ککڑی کو کھجور اور نمک کے ساتھ کھاتے تھے، تمام پھلوں میں خربوزہ اور انگور سب سے زیادہ پسند فرماتے تھے، اکثر آپ کی غذا، پانی اور کھجور ہوا کرتی تھی، دودھ کو کھجور کے ساتھ نوش فرماتے اور کھتے تھے: "یہ دونوں پاکیزہ غذائیں ہیں۔"

آنحضرت ﷺ کے نزدیک گوشت سب سے اچھی غذا تھی، ثرید (آب گوشت: گوشت کے شوربے میں روٹی کے بھیگے ہوئے ٹکڑے) کو گوشت کے ساتھ کھاتے، حضورؐ کو کدو بھی پسند تھا، جس حیوان کا شکار کیا جاتا اس کا گوشت کھاتے لیکن خود شکار نہیں کرتے تھے، کبھی روٹی پر گھی لگا کر کھالیتے تھے، بکری کے گوشت میں ہاتھ اور شانہ کا حصہ پسند تھا، پکی ہوئی چیزوں میں کدو اور خورش میں سرکہ پسند تھا، کھجوروں میں عَجوہ (عمدہ و پختہ کھجور) پسند فرماتے تھے، سبزیوں میں کاسنی، ریحان کوہی اور کرم کلہ کو دوست رکھتے تھے۔ (۹۳)

فقیرانہ زندگی

تفسیر شیخ ابو الفتوح (رہ) میں ہے: آنحضرت ﷺ اپنی دعا میں فرماتے تھے: اَللّٰھُمَّ اَحیِنِیْ مِسْکِیناً وَاَمِتْنِیْ مِسْکِیناً، وَاحْشُرْنِیْ فِیْ زُمْرَۃِ الْمَسَاکِیْنِ: خدایا! مجھے مسکین کی طرح زندہ رکھ! مجھے فقیرانہ موت دے اور مجھے مسکینوں کے گروہ میں محشور فرما!(۹۴)

زکوٰۃ لیتے وقت دعا

اسی کتاب میں ہے: جب آنحضرت ﷺ کی خدمت میں کوئی زکوٰۃ لے کر آتا تو اس کے لئے اس طرح دعا فرماتے: اَللّٰھُمَّ صَلِّ عَلٰی آلِ فُلاَنٍ: خدایا! فلاں کی آل اور خاندان پر رحم فرما!(۹۵)

فال نیک

مکارم الاخلاق میں ہے: آنحضرت ﷺ کو اچھی پیش گوئی پسند تھی آپ کو بد شگونی پسند نہیں تھی۔(۹۶)

حضورؐ کی بزم میں جھوٹ!

کتاب جعفریات میں منقول ہے کہ حضرت علی (علیہ السلام) نے فرمایا: اگر آنحضرت ﷺ کے پاس کوئی جھوٹ بولتا تو آپ مسکرا کر فرماتے: اِنَّہٗ لَیَقُوْلُ قَوْلاً: یہ لغو بات کہہ رہا ہے!(۹۷)

تین (۳) بار تکرار

جب آنحضرت ﷺ گفتگو فرماتے یا آپ سے سوال کیا جاتا تو تین (۳) بار تکرار فرماتے تھے تاکہ بات اچھی طرح واضح ہو جائے اور دوسرے بھی حضرتؐ کی طرف متوجہ ہو جائیں۔(۹۸)

آیت سلام کا نزول

تفسیر قمی میں ہے: جب آنحضرت ﷺ کے اصحاب آپ کی خدمت میں آتے تو اَنْعِمْ صَبَاحاً وَاَنْعِمْ مَسَاءً: صبح بخیر اور شب بخیر کہتے تھے یہ دور جاہلیت کا سلام تھا خدا نے یہ آیت نازل کی: وَاِذَا جَآءُوْکَ حَیَّوْکَ بِمَالَمْ یُحَیِّکَ بِہِ اللّٰہُ: جب لوگ تمھارے پاس آتے ہیں تو اس طرح سلام کہتے ہیں جو خدا نے نہیں کہا ہے۔ (مجادلہ:۵۸۸)

اس کے بعد حضور ﷺ نے فرمایا: خدا نے اس کا نعم البدل ہمارے لئے قرار دیا ہے جو اہل جنت کا طریقہ ہے وہ اس طرح سلام کرتے ہیں: اَلسَّلَامُ عَلَیْکُمْ۔ (۹۹)

باب شمائل میں معانی الاخبار کے حوالہ سے یہ بات گزر چکی ہے کہ آنحضرت ﷺ جس سے ملاقات کرتے پہلے خود سلام کرتے تھے۔ (۱۰۰)

سلام کا جواب بہتر و بیشتر ہو

تفسیر ابو الفتوح (رہ) میں ہے: جب کوئی مسلمان آنحضرت ﷺ سے اس طرح سلام کرتا تھا: سَلَامٌ عَلَیْکَ تو آپ اس طرح جواب دیتے تھے: وَعَلَیْکَ السَّلَامُ وَرَحْمَۃُ اللّٰہِ۔

جب کوئی اس طرح سلام کرتا: اَلسَّلَامُ عَلَیْکَ وَرَحْمَۃُ اللّٰہِ تو آپ اس طرح جواب دیتے تھے: وَعَلَیْکَ السَّلَامُ وَرَحْمَۃُ اللّٰہِ وَبَرَکَاتُہٗ اس طرح سے آپ جواب میں کچھ اضافہ کر دیتے تھے۔ (۱۰۱)

لڑکی کی ولادت پر خوشی

جعفریات میں حضرت علیؑ سے منقول ہے: جب آنحضرت ﷺ کو کسی لڑکی کے پیدا ہونے کی خبر دی جاتی تھی تو فرماتے تھے: رَیْحَانَۃٌ وَرِزْقُھَا عَلَی اللّٰہِ: یہ ریحانہ (خوشبو دار پھول) ہے اس کا رزق، خداوند عالم دے گا۔ (۱۰۲)

فقراء کے لئے زکوٰۃ و صدقہ

درر اللئالی میں آنحضرت ﷺ سے مروی ہے: مجھے حکم دیا گیا ہے کہ مالداروں

سے زکوٰۃ اور صدقہ لے کر فقیروں کو دوں۔(۱۰۳۲)

تقسیم زکوٰۃ

کافی میں مروی ہے: آنحضرت ﷺ دیہات کی زکوٰۃ کو دیہاتیوں اور شہروں کی زکوٰۃ کو شہریوں میں تقسیم فرماتے تھے۔(۱۰۴)

اس روایت کو اسی طرح بعینہ احمد(رہ) بن علی(رہ) نے احتجاج میں نقل کیا ہے۔(۱۰۵)

میری تربیت، خدا نے کی ہے

مکارم الاخلاق میں آنحضرت ﷺ سے مروی ہے: میری تربیت خدا نے کی ہے اور حضرت علیؑ کی تربیت میں نے کی ہے خدا نے مجھے بخشش اور نیکی کا حکم دیا ہے، اس نے کنجوسی اور ظلم سے منع کیا ہے۔(۱۰۶)

ہر چیز کی بخشش

تفسیر ابو الفتوح(رہ) میں آنحضرت ﷺ سے مروی ہے: جو ہم سے سوال کرتا ہے اگر ہمارے پاس کوئی چیز موجود ہوتی ہے تو ہم دریغ نہیں کرتے یعنی دے دیتے ہیں۔(۱۰۷)

اسی مضمون کی روایت، فقہ الرضاں میں بھی منقول ہے۔(۱۰۸)

فراموشی کے وقت دعا

جعفریات میں منقول ہے: جب آنحضرت ﷺ کوئی چیز فراموش کرتے تھے تو پیشانی کو ہتھیلی پر رکھ کر یہ دعا پڑھتے تھے: اَللّٰھُمَّ لَکَ الْحَمْدُ، یَامُذَکِّرَ الشَّیْءِ وَفَاعِلَہٗ ذَکِّرْنِیْ مَانَسِیْتُ: خدایا! ساری تعریفیں تیرے لئے ہیں اے ہر چیز کو یاد دلانے اور انجام دینے

والے! جس چیز کو میں بھول گیا ہوں مجھے یاد دلا دے!(۱۰۹)

توضیح: اکثر شیعہ علماء منجملہ شیخ بہائی (رہ) کے نزدیک معصوم نبی، نسیان (فراموشی) کی بیماری میں مبتلا نہیں ہوتا ہے۔ مترجم اردو۔

چھ (٦) ناپسندیدہ خصلتیں

امالی صدوق (رہ) میں آنحضرت ﷺ سے مروی ہے: خدا نے میرے لئے چھ (٦) خصلتوں کو پسند نہیں کیا ہے میں بھی انہیں اپنے اوصیاء اور تابعین کے لئے پسند نہیں کرتا ہوں: ۱۔ نماز میں کھیل ۲۔ روزہ میں بری باتیں بکنا ۳۔ صدقہ دے کر احسان جتانا ۴۔ حالت جنابت میں مسجد میں داخل ہونا ۵۔ لوگوں کے گھروں کے بارے میں اطلاع حاصل کرنا ٦۔ قبرستان میں ہنسنا۔(۱۱۰)

انبیاء (علیہم السلام) کی چار خصلتیں

تحف العقول میں حضرت امام جعفر صادق (علیہ السلام) سے منقول ہے: انبیاء (علیہم السلام) کے اندر چار (۴) خصلتیں موجود ہوتی ہیں: نیکی، بخشش، مصیبتوں میں صبر اور حقوق مومنین کے متعلق قیام کرنا۔(۱۱۱)

انگوٹھی کے نگینہ کی طرف دیکھنا

جعفریات میں حضرت علی (علیہ السلام) سے مروی ہے: آنحضرت ﷺ اپنی انگوٹھی کے نگینے کو ہتھیلی کی طرف کئے رہتے تھے اور اکثر اوقات اسے دیکھتے رہتے تھے۔ (۱۱۲)

رات میں فصل کاٹنے کی ممانعت

تفسیر عیاشی (رہ) میں حضرت امام جعفر صادق (علیہ السلام) سے منقول ہے: آنحضرت ﷺ رات کے وقت کھجور توڑنے اور کھیتی کاٹنے سے روکتے تھے۔ (تاکہ

فقیر محروم نہ رہ جائیں)(۱۱۳)

باغ کے پھل کی خیرات

محاسن میں مروی ہے: جب پھل پک جاتے تھے تو آنحضرت صَلَّی اللّٰہُ عَلَیْہِ وَسَلَّم حکم دیتے تھے کہ دیواروں میں سوراخ کر دیئے جائیں۔ (تاکہ دوسرے لوگ بھی باغ کے اندر آکر پھل کھا سکیں)(۱۱۴)

فقیروں کو کھجوریں دینا

قُرب الاسناد میں حضرت علی (علیہ السلام) سے مروی ہے: آنحضرت صَلَّی اللّٰہُ عَلَیْہِ وَسَلَّم کی خدمت میں کچھ نادار لوگ آئے تو انصار اور اہل مدینہ نے کہا: بہتر ہے کہ ہم ہر نخلستان سے انہیں ایک ایک خوشہ دے دیں۔ اس کے بعد انھوں نے اس پر عمل کیا اور آج تک یہ سنت بن گئی۔ (۱۱۵)

سب سے بڑا سخی

عوارف المعارف میں منقول ہے کہ جبرئیل (علیہ السلام) نے کہا: میں نے زمین کے تمام لوگوں کو اچھی طرح پرکھ لیا اور مال دنیا کے سلسلہ میں آنحضرت صَلَّی اللّٰہُ عَلَیْہِ وَسَلَّم سے زیادہ سخی کسی کو نہیں پایا۔ (۱۱۶)

ضرورت مندوں سے گفتگو

جعفریات میں حضرت علی (علیہ السلام) سے مروی ہے: جب کوئی ضرورت مند حضرت علیؑ کی خدمت میں آتا تھا تو فرماتے تھے: لاعِلَّۃَ! لاعِلَّۃَ! کوئی عیب نہیں، کوئی بات نہیں! (۱۱۷)

بخشش کا وعدہ

عوارف المعارف میں جابرؓ سے منقول ہے: کبھی ایسا نہ ہوا کہ آنحضرت ﷺ سے کچھ مانگا گیا ہو اور انھوں نے کہہ دیا ہو: نہیں!

ابن عتیبہ کا بیان ہے: اگر آنحضرت ﷺ کے پاس کوئی چیز موجود نہیں ہوتی تھی تو بعد میں دینے کا وعدہ فرما لیتے تھے۔(۱۱۸)

لشکر بھیجنا

اسی کتاب میں مروی ہے: جب آنحضرت ﷺ کسی طرف فوج بھیجتے تو دن کے ابتدائی حصہ میں (دوپہر سے پہلے) بھیجتے تھے۔(۱۱۹)

لشکر بھیجتے وقت دعا کرنا

کافی میں حضرت امام جعفر صادق (علیہ السلام) سے مروی ہے: جب آنحضرت ﷺ فوج بھیجتے تو اس کے لئے دعا فرماتے تھے۔(۱۲۰)

جنگ سے متعلق اطلاع

قرب الاسناد میں حضرت امام علی رِضا (علیہ السلام) سے مروی ہے: جب آنحضرت ﷺ لشکر بھیجتے تھے تو سپہ سالار معین کرنے کے بعد اپنے معتمد کو بھی ساتھ لگا دیتے تھے تاکہ جنگ کے متعلق تمام خبروں کی اطلاع پاتے رہیں۔(۱۲۱)

فوج کو ہدایت

کافی میں حضرت امام جعفر صادق (علیہ السلام) سے مروی ہے: جب آنحضرت ﷺ کسی لشکر کو بھیجتے تھے تو سپہ سالار کو خصوصی طور پر اور پورے لشکر کو عمومی طور پر تقویٰ کی تاکید فرماتے تھے اس کے بعد کہتے تھے: "خدا کا نام لے کر اس کی را ہ میں کافروں سے لڑنا، خیانت نہ کرنا، مقتولین کی ناکیں نہ کاٹنا، بچوں اور ان لوگوں کو جو

پھاڑ پر عبادت میں مشغول ہیں قتل نہ کرنا، کھجور کے درختوں میں آگ نہ لگانا، انہیں پانی میں نہ ڈبونا، پھل دار درختوں کو نہ کاٹنا، کھیتوں میں آگ نہ لگانا کیونکہ تمھیں نہیں معلوم ممکن ہے کہ تمھیں کو ان کی ضرورت پڑ جائے، حلال گوشت جانوروں کے ہاتھ پیر نہ کاٹنا ہاں! اپنے کھانے بھر یہ کام کرنا، جب مسلمانوں کے کسی دشمن سے ملاقات کرنا تو اسے ان تین(۳) چیزوں میں سے ایک کی دعوت دینا: مسلمان ہو جاؤ، جزیہ دو، جنگ بند کرو، اگر وہ ان میں سے کسی ایک کو قبول کر لے تو تم بھی اس کی بات مان جاؤ اور جنگ روک دو۔"(۱۲۲)

اس مضمون کی روایت، تہذیب، محاسن اور دعائم الاسلام میں بھی ہے۔(۱۲۳)

دشمن سے سامنا کرتے وقت کی دعا

جعفریات میں منقول ہے: جب آنحضرت ﷺ دشمن کا مقابلہ کرتے تھے تو پیادہ اور سوار نیز اونٹوں پر سوار تمام لوگوں کو جنگ کے لئے تیار کرتے تھے اس کے بعد فرماتے تھے:"خدایا! تو میرا مددگار ہے اور میری پناہ گاہ ہے، مجھ سے خطرات کو دور کر! خدایا! میں تیری ہی مدد سے حملہ اور جنگ کر رہا ہوں۔ "(۱۲۴)

دعائم میں پہلا مضمون مروی ہے۔(۱۲۵)

میدان جنگ کی دعا

مجمع البیان میں مروی ہے: جب آنحضرت ﷺ میدان جنگ میں حاضر ہوتے تو فرماتے تھے:"رَبِّ احۡکُمۡ بِالۡحَقِّ: خدایا! حق کے ساتھ حکم و فیصلہ کر!"(۱۲۶)

آنحضرت ﷺ کی شجاعت

نہج البلاغہ میں ہے کہ حضرت علیؑ نے معاویہ کو ایک خط میں لکھا: جب جنگ کے شعلے بھڑکنے لگتے تو سب لوگ خوف سے خاموش ہو جاتے لیکن آنحضرت ﷺ اپنے

اہل بیت (علیہم السلام) کو آگے بھیجتے اور اپنے رشتے داروں کے ذریعہ تلواروں اور نیزوں کی گرمی سے اصحاب کی حفاظت کرتے تھے۔ (۱۲۷)

آنحضرت ﷺ کی بیعت کا انداز

مناقب میں مروی ہے: جس وقت مامون عباسی نے حضرت امام علی رِضا (علیہ السلام) کی ولایت کے لئے بیعت لینا چاہی تو امام (علیہ السلام) نے فرمایا: آنحضرت ﷺ لوگوں سے اس طرح بیعت لیتے تھے، اس کے بعد امام (علیہ السلام) نے لوگوں سے بیعت لی اس وقت آپ کا دست مبارک لوگوں کے ہاتھوں کے اوپر تھا۔ (۱۲۸)

عورتوں سے بیعت

جعفریات میں منقول ہے: آنحضرت ﷺ بیعت لیتے وقت عورتوں کی طرف ہاتھ نہیں بڑھاتے تھے بلکہ کسی ظرف میں پانی منگاتے اپنا دست مبارک اس میں ڈالتے پھر عورتوں کو حکم دیتے کہ پانی میں اپنا ہاتھ ڈال دیں اس کے بعد فرماتے تھے: "میں نے تم سے بیعت لے لی۔" (۱۲۹)

اس مضمون کی روایت تحف العقول میں بھی ہے۔ (۱۳۰)

محرم لوگوں سے گفتگو

دعائم میں منقول ہے: بیعت لیتے وقت آنحضرت ﷺ کی ایک شرط یہ تھی کہ آپ عورتوں سے فرماتے تھے: "نامحرم آدمیوں سے گفتگو نہ کرو!" (۱۳۱)

بیکار مومن کی ملامت

جامع الاخبار میں ابن عباس سے مروی ہے: جب آنحضرت ﷺ کسی کی طرف دیکھتے اور انہیں وہ بھلا معلوم ہوتا تھا تو پوچھتے تھے: "کیا کوئی کام کرتا ہے؟"

اگر لوگ بتاتے کہ بیکار ہے تو حضرتؐ فرماتے: "وہ میری نظروں سے گر گیا!"

لوگ پوچھتے: کیوں آپ کی نظروں سے گر گیا؟ فرماتے: "اگر مرد مومن بیکار رہے گا تو وہ اپنے دین کو اپنی زندگی کا سرمایہ قرار دے گا۔" (وہ اپنے دین کو دنیا کے عوض فروخت کر دے گا)۔ (۱۳۲)

قرض، سنت ہے

دعائم الاسلام میں حضرت امام جعفر صادق (علیہ السلام) سے مروی ہے: قرض دینا، کوئی چیز وقتی طور پر دینا اور مہمان نوازی کرنا یہ سب چیزیں سنت ہیں۔ (۱۳۳)

قرض کی نیک ادائیگی

مجمع البحرین میں منقول ہے کہ آنحضرت ﷺ خراب درہم بطور قرض لیتے تھے لیکن ادائیگی کے وقت صحیح وسالم دیتے تھے۔ (۱۳۴)

چار محبوب افراد

تفسیر عیاشی (رہ) میں آنحضرت ﷺ سے منقول ہے: خداوند عالم نے مجھے وحی کے ذریعہ حکم دیا ہے کہ میں ان چار (۴) افراد کو دوست رکھوں: حضرت علیؑ جناب ابوذرؓ جناب سلمان صاور جناب مقدادؓ۔ (۱۳۵)

اس مضمون کی روایت کو طبری (رہ) نے بھی کتاب الامامہ میں نقل کیا ہے۔ (۱۳۶)

حضرت علی (علیہ السلام) کو دوست رکھو!

کتاب جعفر بن محمد میں آنحضرت ﷺ سے منقول ہے: جبرئیل (علیہ السلام) نے میرے پاس آکر کہا: "خدا تمھیں حکم دیتا ہے کہ حضرت علیؑ کو دوست رکھو اور دوسروں کو بھی ان سے دوستی و محبت کا حکم دو!" (۱۳۷)

سات(۷) خصلتوں کا حکم

اسی کتاب میں آنحضرت ﷺ سے منقول ہے: خدا نے مجھے ان سات(۷) خصلتوں کا حکم دیا ہے:

۱۔ فقیروں کو دوست رکھنا اور ان سے قریب رہنا۔

۲۔ لَا حَوْلَ وَلَا قُوَّۃَ اِلَّا بِاللّٰہ زیادہ کہنا۔

۳۔ اپنے رشتے داروں سے تعلقات برقرار رکھنا چاہے وہ مجھ سے رابطہ ختم کر چکے ہوں۔

۴۔ دنیاوی اعتبار سے اپنے سے نیچے لوگوں کی طرف دیکھنا اپنے سے اوپر والوں کی طرف نہ دیکھنا۔

۵۔ خدا کی راہ میں کسی ملامت کرنے والے کی سرزنش کی پرواہ نہ کرنا۔

۶۔ حق کہنا اگرچہ کڑوا ہو۔

۷۔ کسی سے ایک چیز کا بھی سوال نہ کرنا۔(۱۳۸)

فریب کا قصد تک نہ کرو!

عوارف المعارف میں آنحضرت ﷺ سے منقول ہے: "جب تک تم میں توائی اور طاقت ہو کوشش کرو کہ کسی کو رات یا دن میں دھوکہ دینے کا قصد بھی نہ کرنا کیونکہ یہ میری سنت ہے جو میری سنت کو زندہ کرے گا گویا اس نے مجھ کو زندہ کیا اور جو مجھے زندہ کرے گا وہ میرے ساتھ جنت میں رہے گا۔"(۱۳۹)

☆☆☆

مدارک و مآخذ

۱۔الکافی:۲۱۰۲۔

۲۔علل الشرائع:۵۰۶۔

۳۔ارشاد القلوب:۱۱۵۔

۴۔مکارم الاخلاق:۳۴۔

۵۔نقلہ عنہ فی المستدرک:۸۳۶۴۔

۶۔الفقیہ:۱۳۲۰، ح ۹۴۷؛ علل الشراے ع:۳۶۶۔

۷۔الکافی:۲۶۴۸و ۵۵۳۵؛المستدرک:۸۳۷۳۔

۸۔الکافی:۲۶۶۱؛مکارم الاخلاق:۲۶؛ المستدرک: ۸۴۰۰؛فیض القدیر :۱۴۵، ۵۸۵، ۲۳۳۔

۹۔مکارم الاخلاق:۲۳۔

۱۰۔الکافی:۲۶۷۱؛المستدرک:۸۴۳۷؛مکارم الاخلاق:۱۷و ۲۳۔

۱۱۔الکافی:۴۱۵۔

۱۲۔تفسیر العیاشی(رہ):۱۲۰۴، ح ۱۶۴، سورۃ آل عمران۔

۱۳۔مکارم الاخلاق:۲۱۔

۱۴۔الکافی:۲۶۶۳؛مکارم الاخلاق:۲۱۔

۱۵۔المستدرک:۸۴۰۸؛مناقب آل ابی طالب :۱۱۴۷؛عوارف المعارف:۱۳۳؛ کشف الغمۃ:۱۹۔

۱۶۔الکافی:۲۶۶۳؛مناقب آل ابی طالب:۱۱۴۹؛بحار الانوار:۱۶۲۵۹۔

۱۷۔الکافی:۲۶۶۱؛مکارم الاخلاق:۲۶؛المستدرک:۸۴۰۶۔

۱۸۔ مکارم الاخلاق:۲۵۔

۱۹۔ مکارم الاخلاق:۲۲۔

۲۰۔ المستدرک:۹۷؛احیاء علوم الدین:۲۳۶۵۔

۲۱۔ مکارم الاخلاق:۱۷۔

۲۲۔ مکارم الاخلاق:۱۹۔

۲۳۔ مکارم الاخلاق:۱۶؛رواہ ابن ابی فراس(رہ) فی مجموعتہ:۴۶؛السھروردی فی عوارف المعارف:۲۲۴وفیھما: عشر سنین؛وفیض القدیر:۵۱۵۲۔

۲۴۔ احیاء علوم الدین:۲۳۶۵۔

۲۵۔ احیاء علوم الدین:۲۳۸۱۔

۲۶۔ احیاء علوم الدین:۲۳۶۶۔

۲۷۔ احیاء علوم الدین:۲۳۶۶۔

۲۸۔ احیاء علوم الدین:۲۳۷۹؛ صحیح مسلم:۴۱۸۰۳۔

۲۹۔ الکافی:۴۵۵؛ تفسیر العیاشی(رہ):۲۲۸۹،ح۵۹؛تحف العقول:۳۵۱؛احتجاجہ مع سفیان الثوری۔

۳۰۔ الکافی:۵۱۴۳؛کمال الدین وتمام النعمۃ:۱۱۶۵؛ فیض القدیر:۵۱۹۵؛الخصال: ۶۲ح۸۸؛امالی الطوسی(رہ):۱۲۳۱؛تفسیر العیاشی(رہ):۲۹۳،ح۷۵؛ بشارۃ المصطفیٰ(ص):۱۶۵؛ دعائم الاسلام:۱۲۴۶و۲۵۸و۲۵۹،رواہ حسین بن عثمان بن شریک فی کتابہ؛راجع المستدرک:۱۲۲۷۔

۳۱۔ الکافی:۵۳۱۴،و۸۱۴۷؛الاقبال:۲۸۳۔

۳۲۔ الاقبال:۲۸۱۔

۳۳۔ الکافی: ۲۶۶۲؛ مکارم الاخلاق: ۲۶؛ المستدرک: ۸۴۰۳۔

۳۴۔ غوالی اللئالی: ۱۱۴۱؛ المستدرک: ۹۱۵۹۔

۳۵۔ الکافی: ۵۵۱۸؛ الفقیہ: ۳۴۶۸؛ مکارم الاخلاق: ۲۳۰۔

۳۶۔ مناقب آل ابی طالب: ۱۱۲۴۔

۳۷۔ الکافی: ۱۳۲ و ۸۲۲۳۔

۳۸۔ المحاسن: ۱۹۵؛ امالی الصدوق (رہ): ۱۳۴۱؛ تحف العقول: ۳۷۔

۳۹۔ امالی الطوسی (رہ): ۲۱۳۵۔

۴۰۔ الکافی: ۲۱۱۷؛ مشکاۃ الانوار: ۷۷۔

۴۱۔ تحف العقول: ۴۸؛ الخصال: ۸۲؛ معانی الاخبار: ۱۸۴۔

۴۲۔ المحجۃ البیضاء: ۴۱۲۰۔

۴۳۔ مجموعۃ ورّام (رہ): ۸۹۔

۴۴۔ تحف العقول: ۳۸۔

۴۵۔ امالی الصدوق (رہ): ۲۳۸۔

۴۶۔ الکافی: ۸؛ تحف العقول: ۳۱۵۔

۴۷۔ ارشاد القلوب: ۱۳۳، روی ھذا المعنی فی تحف العقول: ۹۔

۴۸۔ المحجۃ البیضاء: ۴۱۱۹؛ فیض القدیر: ۲۱۱۰۔ ۱۲۰۔

۴۹۔ امالی الصدوق (رہ): ۲۲۳۔

۵۰۔ کشف الریبۃ: ۱۱۹؛ الاربعون حدیثا للسید ابن زھرۃ الحلبی (رہ): ۸۲۔

۵۱۔ مکارم الاخلاق: ۲۱۔

۵۲۔ مناقب آل ابی طالب: ۴۱۱۴؛ مجمع البیان: ۸۳۶۰، سورۃ الاحزاب۔

۵۳۔ کشف الغمۃ:۱۱۰۔

۵۴۔ دعائم الاسلام:۲۱۰۶۔

۵۵۔ مجموعۃ ورّام (رہ):۲۹۔

۵۶۔ مناقب آل ابی طالب:۱۱۴۷۔

۵۷۔ احیاء علوم الدین:۲۳۷۸۔

۵۸۔ مکارم الاخلاق:۱۷۔

۵۹۔ مصباح الشریعۃ:۱۴۰؛الکافی:۶۲۷۶؛الجعفریات:۱۹۳۔

۶۰۔ مصباح الشریعۃ:۱۵۵۔

۶۱۔ مکارم الاخلاق:۱۶۔

۶۲۔ مجموعۃ ورّام (رہ):۲۶۔

۶۳۔ مجموعۃ ورّام (رہ):۳۴۔

۶۴۔ مجموعۃ ورّام (رہ):۲۷۸۔

۶۵۔ الکافی:۲۱۰۴؛مشکاۃ الانوار:۱۷۱؛المستدرک:۸۴۵۵۔

۶۶۔ تفسیر العیاشی (رہ):۱۲۵۱؛سورۃ النسآء۔

۶۷۔ مجموعۃ ورّام (رہ):۱۰؛الکافی:۲۶۳۶۔

۶۸۔ مکارم الاخلاق:ص ۲۴،فی حدیث آخر:انہ کان ثلاثۃ ایام۔

۶۹۔ المحاسن:۳۸۷۔

۷۰۔ الکافی:۴۵۰۔

۷۱۔ الکافی:۶۲۸۳۔

۷۲۔ امالی الصدوق (رہ):۴۳۷۔

۷۳۔ الکافی:۶۲۸۶۔

۷۴۔ احیاء علوم الدین:۲۱۸۔

۷۵۔ الکافی:۶۲۸۰۔

۷۶۔ مجموعۃ ورّام (رہ):۳۸۳؛ الکافی:۸۱۵۰۔

۷۷۔ الفقیہ:۳۲۹۹؛ دعائم الاسلام:۲۱۰۷و۳۲۵؛ المستدرک:۱۶۲۳۷۔

۷۸۔ الکافی:۵۱۴۱۔

۷۹۔ المحاسن:۶۰۱۔

۸۰۔ الاحتجاج:۱۲۶۔

۸۱۔ تفسیر الامام العسکری:۵۳۰۔

۸۲۔ امالی الصدوق (رہ):۳۳۹۔

۸۳۔۔ بحار الانوار:۹۳۳۲۷۔

۸۴۔ مکارم الاخلاق:۲۲۔

۸۵۔ مکارم الاخلاق:۲۲۔

۸۶۔ مکارم الاخلاق:۲۰۔

۸۷۔ مجمع البیان:۶۳۴۵، سورۃ الحجر۔

۸۸۔ مجمع البیان:۶۳۴۷، سورۃ الحجر۔

۸۹۔ مجمع البیان:۱۳۳۳، سورۃ القلم۔

۹۰۔ بحار الانوار:۱۶۴۱۔

۹۱۔ مجمع البیان:۱۰۵۵۴، سورۃ النصر۔

۹۲۔ بحار الانوار:۷۷۱۷۰؛ تحف العقول:۳۶۔

۹۳۔ مناقب آل ابی طالب: ۷: ۱۱۴۔

۹۴۔ نقلہ النوری (رہ) فی المستدرک: ۳: ۲۰۳؛ فیض القدیر: ۳: ۱۰۲۔

۹۵۔ نقلہ النوری (رہ) فی المستدرک: ۷: ۱۳۶۔

۹۶۔ مکارم الاخلاق: ۳۵۰، الطیرۃ: التشاؤم۔ (مجمع البحرین: ۳۸۳: ۳)۔

۹۷۔ الجعفریات: ۱۶۹۔

۹۸۔ مکارم الاخلاق: ۲۰۔

۹۹۔ تفسیر القمی (رہ): ۲: ۳۵۵، سورۃ المجادلۃ۔

۱۰۰۔ معانی الاخبار: ۸۱۔

۱۰۱۔ نقلہ النوری (رہ) فی المستدرک: ۷: ۱۸۳۔

۱۰۲۔ الجعفریات: ۱۸۹۔

۱۰۳۔ مخطوط، لایوجد لدینا۔

۱۰۴۔ الکافی: ۷: ۵۲۔

۱۰۵۔ الاحتجاج: ۳۶۴۔

۱۰۶۔ مکارم الاخلاق: ۱۷۔

۱۰۷۔ نقلہ النوری (رہ) فی المستدرک: ۳: ۲۲۷۔

۱۰۸۔ فقہ الامام الرضاں: ۳۶۵۔

۱۰۹۔ الجعفریات: ۲۱۷۔

۱۱۰۔ امالی الصدوق (رہ): ۶۰؛ المحاسن: ۱۰؛ التھذیب: ۴: ۱۹۵۔

۱۱۱۔ تحف العقول: ۳۷۵۔

۱۱۲۔ الجعفریات: ۱۸۵۔

۱۱۳۔ تفسیر العیاشی(رہ):۹:۳۷۹،سورۃ الانعام۔

۱۱۴۔ المحاسن:۵۲۸۔

۱۱۵۔ قرب الاسناد:۶۶۔

۱۱۶۔ عوارف المعارف:۲۳۹۔

۱۱۷۔ الجعفریات:۵۷۔

۱۱۸۔ عوارف المعارف:۲۳۹۔

۱۱۹۔ عوارف المعارف:۱۲۶۔

۱۲۰۔ الکافی:۵۲۹۔

۱۲۱۔ قرب الاسناد:۱۴۸۔

۱۲۲۔ الکافی:۵۲۹۔

۱۲۳۔ تھذیب الاحکام:۶۱۳۸؛المحاسن:۳۵۵؛دعائم الاسلام:۱۳۶۹۔

۱۲۴۔ الجعفریات:۲۱۷۔

۱۲۵۔ دعائم الاسلام:۱۳۷۲۔

۱۲۶۔ مجمع البیان:۶۸۷؛سورۃ الانبیآء۔

۱۲۷۔ نھج البلاغہ:۳۶۸۔

۱۲۸۔ مناقب آل ابی طالب:۴۳۶۴۔

۱۲۹۔ الجعفریات:۸۰۔

۱۳۰۔ تحف العقول:۴۵۷۔

۱۳۱۔ دعائم الاسلام:۲۲۱۴۔

۱۳۲۔ جامع الاخبار:۳۹۰؛المستدرک:۱۳۱۱۔(ح۱۴۵۸۱۴)

۱۳۳۔ دعائم الاسلام:۲۴۸۹:۲؛ المستدرک:۱۳۳۹۵۔

۱۳۴۔ مجمع البحرین:۵۴۳۹۔

۱۳۵۔ تفسیر العیاشی (رہ):۱۳۲۸، سورۃ المائدۃ۔

۱۳۶۔ لم نعثر علیہ، ووجدناہ فی الاختصاص:۹۔۱۳۔

۱۳۷۔ الاصول الستۃ عشر:۶۲۔

۱۳۸۔ الاصول الستۃ عشر:۷۵۔

۱۳۹۔ عوارف المعارف:۴۷۔

* * *